História de ratinho

Edição brasileira

Editora
Lenice Bueno da Silva

Editor de arte
Alcy

Assessora editorial
Anabel Ly Maduar

Editoração eletrônica
Eliana S. Queiroz

Revisão
Maria Elza M. Teixeira

Publicado originalmente com o título: Mausemärchen/Riesengeschichte
© 1983 by K. Thienemanns Verlag, Stuttgart-Wien

Direitos reservados para todo o território nacional
Editora Ática S.A., 1995
Rua Barão de Iguape, 110 — CEP 01507-900
Tel.: PABX (011) 278-9322 — Caixa Postal 8656
End. Telegráfico "Bomlivro" — Fax: (011) 277-4146
São Paulo (SP)

ISBN 3-522-41850-8 (ed. original)

ISBN 85 08 05655 9

Impressão W. ROTH S.A.

História de ratinho

metade de um livro de Annegert Fuchshuber

tradução de Ruth Salles

Série Clara Luz

Nas florestas ocidentais, há muitos e muitos anos — não sei exatamente quando — vivia um ratinho silvestre, um arganaz. Era talvez o arganaz mais valente que alguém já pudesse ter visto. Ele não tinha medo de nada: nem de cachorros, nem de gatos, nem do mocho-orelhudo, nem da raposa ou da marta.
Nem mesmo a pior das tempestades — dessas que vêm com muitos raios e trovões — conseguia assustá-lo: chegava até a diverti-lo.

Apesar disso, não pense que ele era grande e forte como um urso; era até bem pequenininho — para não dizer minúsculo — e seus músculos não eram mais grossos que fios de linha.
Mas como ele era rápido! Tão rápido quanto o Corpo de Bombeiros!
E o principal: não era nada bobo. Sabia muito bem de que inimigos era preciso se esconder e, dentre eles, até quais eram os mais lentos e que não iam conseguir caçá-lo.
O pequeno arganaz conseguia ficar tão quietinho num lugar que nem mesmo os olhos aguçados das aves de rapina o descobriam. Conhecia todos os perigos e também todos os esconderijos possíveis da floresta. Então, para que ter medo?

Os outros arganazes lhe tinham grande respeito. Muitas vezes, eles juntavam as cabecinhas e cochichavam:
— Com toda a certeza ele é tremendamente forte. Ou então tem algum poder mágico. Senão sentiria tanto medo quanto nós.
Quando, porém, o pequeno arganaz se aproximava (ele se chamava Coradinho), os outros disfarçavam e ia cada um para um lado.

Coradinho, curioso, perguntava:
— Que tanto vocês conversavam?
— Ah, nada de especial — os outros respondiam.
O pequeno arganaz, naturalmente, percebia que aquilo não era bem a verdade, mas nunca conseguia descobri-la.
Os outros realmente admiravam sua valentia, mas não chegavam a simpatizar com ele.
Coradinho era tão diferente dos outros que ninguém queria ser seu amigo.

— Vou-me embora! — decidiu ele um belo dia. — Vou andar até encontrar um amigo. Sem amigos, a vida não vale a pena.
E o pequeno arganaz embrulhou algumas avelãs e alguns murtinhos. Antes que os outros acordassem (pois os arganazes dormem o dia inteiro e só acordam quando anoitece), ele se levantou e foi embora.
Seguindo sempre em frente, atravessou as florestas ocidentais.

Coradinho foi caminhando, caminhando, caminhando. Viu muita coisa naquele dia: cogumelos e frutinhas do mato, musaranhos e pica-paus, um texugo bem gordo e uma cobra grande e preta.
Amigo, porém, não achou nenhum. Cada bichinho que encontrava apenas dizia atenciosamente:
— Ah, já sei. Você é aquele arganaz forte e valente. Ouvi falar muito a seu respeito.
E, ao mesmo tempo, cada um pensava:
— Com esse é melhor eu não me meter. Sabe-se lá?…

Cansado, esgotado, o pequeno arganaz chegou finalmente a uma clareira, sobre a qual os últimos raios de sol ainda batiam. E ali, no meio da relva, ele encontrou um lugarzinho tão agasalhado e aconchegante que se enroscou todo, feliz e satisfeito, e pensou:
— Que lugar bom! Vou ficar por aqui um pouquinho. Amanhã será outro dia, e então vou continuar a procurar um amigo.
E, de tanto bem-estar, deu um grande suspiro. De repente, aconteceu uma coisa esquisitíssima. Era como se um dedo muito grande o afagasse bem de mansinho.

Que seria aquilo?

Correu até não poder mais.
Por fim, morto de cansaço, parou numa
clareira. Que sorte! Mais uma vez
havia escapado são e salvo!
E então ele se deitou na relva e pensou:
— Ah, isto me dá tanta tristeza…
Se ao menos eu tivesse um
amigo… Ele nem precisava ser grande:
só o bastante para que eu pudesse
pegá-lo com a mão e acarinhá-lo
e conversar com ele um pouquinho.

Bartolo fechou os olhos e ficou imaginando
como seria bom.
De repente, naquele mesmo instante,
sentiu que uma coisinha morna e macia
se deitava em sua mão estendida.

Que seria aquilo?

Entretanto, Bartolo nem sequer
reparava que o medo que ele tinha dos
animais da floresta era bem menor
que o medo que os animais da floresta
tinham dele. Todos, em toda parte, temiam
o gigante, porque ele era grande e forte.
O chão estremecia debaixo de seus passos,
e as árvores ramalhavam quando
ele esbarrava de leve em seus galhos.

Um belo dia, ele se encheu de coragem
e foi afagar com a mão o filhotinho
da raposa. Este, mais que depressa, sumiu
para dentro de sua toca.
Então, Bartolo quis dizer uma palavra
amável para a mamãe-melro, que estava
chocando seus ovos, mas esta,
morrendo de medo, arregalou para ele
os grandes olhos.
— Que pena! — pensou Bartolo —,
a mamãe-melro olhou para mim tão zangada...
Ela vai é bicar meus olhos!
E, defendendo o rosto com as mãos,
correu dali.

No entanto, para Bartolo, o pior de tudo
era ser tão sozinho.
Quem foge de todo mundo não pode,
é claro, fazer amigos.
E não havia nada que fizesse mais falta
ao gigante que um amigo.

Em sua solidão, ele já se sentia tão triste
que, quando via dois passarinhos
chilreando e dando bicadinhas um no outro,
ou dois coelhos se farejando
amigavelmente, uma grande lágrima
escorria por seu rosto.

De outra vez, ele foi perseguido por um
medonho pássaro negro.
Bartolo correu o mais depressa que pôde
e, finalmente, agachando-se bem,
enfiou-se num buraco. Tendo, porém,
o corpo tão grande e largo
quanto comprido, ficou ali entalado,
com o traseiro de fora.

O corvo pensou:
— Este lugarzinho parece cômodo — e
pousou em cima.
Mas Bartolo tremeu tanto de medo que
o corvo se sentiu sem conforto e foi
embora dali voando.
Passado algum tempo, Bartolo conseguiu
se arrastar de novo para fora
daquele buraco estreito e escuro.

E ele tinha medo também dos corujões,
com seus grandes olhos redondos, das
raposas, com seus dentes afiados, dos gatos,
com suas unhas pontudas.
Não havia nada que não lhe metesse medo.

Certa vez, passou um dia inteiro
escondido atrás de uma árvore grossa,
só porque viu de longe um animal
selvagem com uns chifres assustadores:
era, na verdade, um veadinho.

Bartolo é um gigante.
Ele é muito grande e muito forte,
tem pés enormes e mãos imensas.
Tem um nariz imenso e orelhas enormes
e um vasto bigodão que parece uma
vassoura.
No entanto, ele não tem nem sombra de
coragem. Um verdadeiro covarde,
é o que ele é.

Bartolo não tem medo só de aranhas e
vespas, como você e eu.
Não, ele também tem medo de leões, tigres
e dragões.
Contudo, em nossa floresta, desde os tempos
mais remotos, ninguém jamais viu nem
mesmo a ponta da cauda de um leão ou de
um tigre ou de um dragão.

Imagine só
como seria...

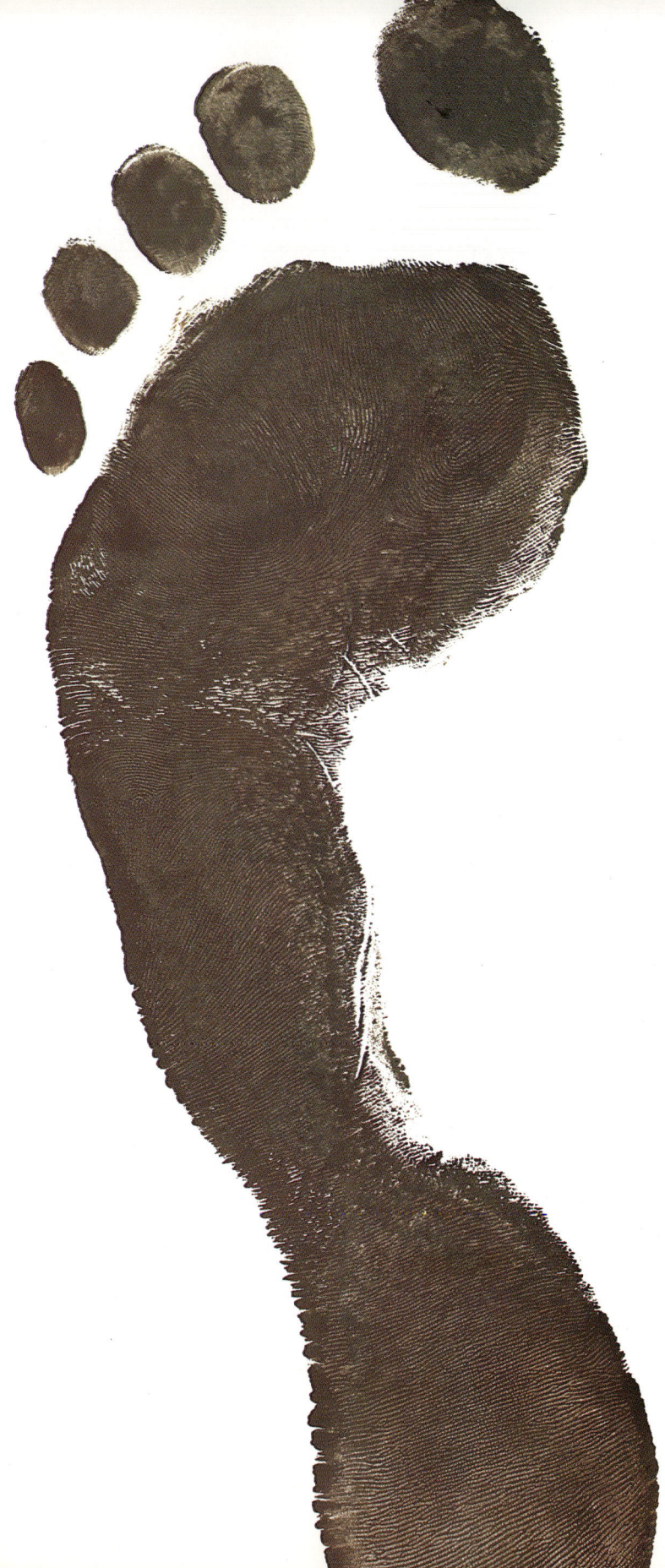

Quando você entra numa floresta,
pode ser que, às vezes, veja marcas de pés
enormes: pegadas de pés de gigante.
Então, você logo fica sabendo que por ali
passou Bartolo.

História de gigante

metade de um livro de Annegert Fuchshuber

tradução de Ruth Salles

Série Clara Luz

editora ática

História de gigante